STECK-VAUGHN

EN PAREJAS™

Las ballenas  jorobadas

Escrito por Susan Watson

Adaptación al español por **Rubí Borgia**

STECK-VAUGHN
COMPANY

A Division of Harcourt Brace & Company

Las ballenas jorobadas viven en los mares del mundo.

Las ballenas jorobadas nacen
donde el agua es cálida.

 3

A los bebés de las ballenas jorobadas se les llama la cría.

La cría gira y salta en el mar.

Las ballenas jorobadas tienen
colas muy fuertes.

Las ballenas jorobadas tienen lenguas muy largas.

¡Las ballenas jorobadas hasta pueden cantar!